NOTAS SOBRE O LUTO

NOTAS SOBRE O LUTO

CHIMAMANDA NGOZI ADICHIE

Tradução de Fernanda Abreu

1ª reimpressão

Companhia Das Letras

Grafia atualizada segundo o Acordo Ortográfico da Língua Portuguesa de 1990, que entrou em vigor no Brasil em 2009.

Título original
Notes on Grief

Capa e projeto gráfico
Cláudia Espínola de Carvalho

Foto da autora
© Manny Jefferson

Preparação
Fernanda Belo

Revisão
Marise Leal
Ana Maria Barbosa

Dados Internacionais de Catalogação na Publicação (CIP)
(Câmara Brasileira do Livro, SP, Brasil)

Adichie, Chimamanda Ngozi
Notas sobre o luto / Chimamanda Ngozi Adichie ; tradução Fernanda Abreu. — 1ª ed. — São Paulo: Companhia das Letras, 2021.

Título original: Notes on Grief
ISBN 978-65-5921-069-5

1. Ficção nigeriana 2. Luto 3. Memórias I. Título.

21-60231 CDD-Ni823

Índice para catálogo sistemático:
1. Ficção : Literatura nigeriana Ni823

Aline Graziele Benitez – Bibliotecária – CRB-1/3129

[2021]
Todos os direitos desta edição reservados à
EDITORA SCHWARCZ S.A.
Rua Bandeira Paulista, 702, cj. 32
04532-002 — São Paulo — SP
Telefone: (11) 3707-3500
www.companhiadasletras.com.br
www.blogdacompanhia.com.br
facebook.com/companhiadasletras
instagram.com/companhiadasletras
twitter.com/cialetras

À memória de
James Nwoye Adichie
1932-2020

NOTAS SOBRE O LUTO

1.

Era meu irmão quem organizava da Inglaterra as chamadas dominicais de Zoom, nosso turbulento ritual de lockdown: dois de nós entravam de Lagos, outros três dos Estados Unidos, e meus pais, às vezes com muitos ecos e chiados, de Abba, a cidade de nossos antepassados no Sudoeste da Nigéria. No dia 7 de junho lá estava meu pai, como de costume só com a testa aparecendo na tela, porque ele nunca sabia muito bem como segurar o telefone durante as chamadas de vídeo. "Mude um pouco a posição do telefone, pai", dizia um de nós. Meu pai estava provocando meu irmão Okey por causa de um novo apelido, depois disse que não jantou porque tinha almoçado tarde, depois falou sobre o bilionário da cidade vizinha que queria confiscar as terras ancestrais da nossa aldeia. Não estava se sentindo muito bem e andava dormindo mal, mas não precisávamos nos preocupar. No dia 8 de junho, Okey foi visitá-lo em Abba e disse que ele parecia cansado. No dia 9, não me alonguei muito em nossa conversa para ele poder descansar. Ele riu baixinho quando fiz minha imitação brincalhona de um parente. "*Ka chi fo*", disse. Boa-noite. Suas últimas palavras para mim. No dia 10 de junho, ele se foi. Meu irmão Chuks me ligou para avisar, e eu desmoronei.

2.

Minha filha de quatro anos diz que eu a assustei. Ela se ajoelha no chão para demonstrar e sobe e desce no ar o punho cerrado, e por sua imitação posso ver como eu estava: inteiramente fora de mim, aos gritos, dando murros no chão. A notícia é como um desenraizamento cruel. Ela me arranca do mundo que conheço desde a infância. E eu resisto: meu pai leu o jornal naquela tarde, brincou com Okey sobre fazer a barba antes da sua consulta com o nefrologista em Onitsha no dia seguinte, debateu o resultado dos exames feitos no hospital com minha irmã Ijeoma, que é médica... então como isso pode estar acontecendo? Mas lá está ele. Okey segura o celular acima do rosto de meu pai, e ele parece estar dormindo, o semblante em repouso belo e relaxado. Nossa chamada de Zoom é surreal, e nós só conseguimos chorar, chorar e chorar em diferentes partes do mundo, olhando incrédulos para um pai adorado que agora deita imóvel numa cama de hospital. Aconteceu poucos minutos antes da meia-noite, horário da Nigéria, com Okey ao seu lado e Chuks no viva-voz. Não paro de encarar meu pai. Não consigo respirar direito. Será isso o choque, quando o ar se transforma em cola? Minha irmã Uche diz que acaba de avisar por mensagem um amigo da família, e eu quase grito: "Não! Não conte para ninguém, porque se a gente contar vira verdade". Meu marido diz: “Respire devagar, tome, beba um pouco d’água”. O casaco que sempre uso em casa, meu uniforme de lockdown, está jogado no chão todo embolado. Mais tarde meu irmão Kene dirá, de brincadeira: “Tomara que você nunca receba nenhuma notícia devastadora em público, já que a sua reação ao choque é arrancar as próprias roupas”.

3.

O LUTO É UMA FORMA CRUEL de aprendizado. Você aprende como ele pode ser pouco suave, raivoso. Aprende como os pêsames podem soar rasos. Aprende quanto do luto tem a ver com palavras, com a derrota das palavras e com a busca das palavras. Por que sinto tanta dor e tanto desconforto nas laterais do corpo? É de tanto chorar, dizem. Não sabia que a gente chorava com os músculos. A dor não me causa espanto, mas seu aspecto físico sim: minha língua insuportavelmente amarga, como se eu tivesse comido algo nojento e esquecido de escovar os dentes; no peito um peso enorme, horroroso; e dentro do corpo uma sensação de eterna dissolução. Meu coração me escapa — meu coração de verdade, físico, nada de figurativo aqui — e vira algo separado de mim, batendo depressa demais num ritmo incompatível com o meu. É um tormento não apenas do espírito, mas também do corpo, feito de dores e perda de força. Carne, músculos, órgãos, tudo fica comprometido. Nenhuma posição é confortável. Passo semanas com o estômago embrulhado, tenso e contraído de apreensão, com a certeza sempre presente de que alguém mais irá morrer, de que mais coisas irão se perder. Uma manhã, Okey me liga um pouco mais cedo do que de costume e eu penso: *Diga logo, me diga de uma vez quem morreu agora. Foi a mamãe?*

4.

NA MINHA CASA nos Estados Unidos, eu gosto de ter ao fundo a rádio NPR tocando, mas sempre que meu pai vinha se hospedar aqui, desligava o rádio caso ninguém estivesse escutando.

"Acabei de pensar em como papai vivia desligando o rádio e eu vivia ligando de volta. Ele devia achar que aquilo de alguma forma era um desperdício", comento com Okey.

"Como lá em Abba ele também vivia querendo desligar o gerador cedo demais.

Eu ficaria muito feliz em deixá-lo fazer isso se houvesse um jeito de ele voltar", diz Okey, e nós rimos.

"E eu vou começar a acordar cedo e a comer *garri* e a ir à missa todo domingo", digo, e nós rimos.

Volto a contar a história de quando meus pais foram me visitar no apartamento em que eu morava quando fazia graduação em Yale, e eu perguntei: "Papai, quer um pouco de suco de romã?", e ele respondeu: "Não, obrigado, seja lá o que for isso".

O suco de romã virou uma piada recorrente. Todas as piadas recorrentes que tínhamos contado e recontado à exaustão, a expressão do meu pai totalmente impassível num minuto e escancarada numa gostosa gargalhada no minuto seguinte. Outra revelação: o quanto o riso faz parte do luto. O riso está profundamente entranhado no linguajar da nossa família, e nós agora rimos ao lembrar do meu pai, mas em algum lugar por trás desse riso existe uma névoa de incredulidade. O riso vai se apagando. O riso se transforma em choro, que se transforma em tristeza, que se transforma em raiva. Estou despreparada para a raiva descomunal e avassaladora que sinto. Sinto-me inexperiente e imatura diante desse inferno que é a tristeza. Como pode pela manhã ele estar fazendo piada e conversando, e à noite ter ido embora para sempre? Foi muito rápido, rápido demais. Não era para ter acontecido assim, como uma surpresa de mau gosto, durante uma pandemia que obrigou o mundo inteiro a se fechar. Ao longo do lockdown, meu pai e eu conversamos sobre como tudo aquilo era estranho, assustador, e ele me disse muitas vezes para não me preocupar com meu marido, que é médico.

"Você bebe água morna mesmo, papai?", perguntei um dia rindo surpresa, depois de ele dizer, com um humor envergonhado, ter lido em algum lugar que beber água morna poderia proteger do coronavírus. Ele riu de si mesmo e me disse que beber água morna, afinal de contas, não fazia mal nenhum. Não era igual às bobagens que circularam durante a crise do ebola, quando as pessoas tomavam banho de soro fisiológico antes do amanhecer. Ele sempre respondia ao meu: "Tudo bem, papai?" dizendo "*Enwerom nsogbu chacha*". Eu não tenho problema nenhum. Está tudo perfeitamente bem comigo. E estava mesmo. Até não estar mais.

5.

As mensagens chegam aos montes, e olho para elas como através de uma bruma. Essa daqui é para quem? “Sobre a perda do seu pai”, diz uma delas. Pai de quem? Minha irmã me encaminha a mensagem de uma amiga dela dizendo que meu pai era humilde apesar de todas as suas conquistas. Meus dedos começam a tremer e empurro o celular para longe. *Era* não, *é*. Surge um vídeo de pessoas se amontoando dentro da nossa casa para o *mgbalu*, para dar os pêsames, e minha vontade é enfiar a mão lá dentro e arrancá-las da nossa sala, onde minha mãe está acomodada no sofá numa pose plácida de viúva. Uma mesa está posicionada na sua frente como uma barreira, para manter o distanciamento social. Parentes e amigos já estão dizendo que é preciso fazer isso ou aquilo. É preciso deixar um livro de pêsames perto da porta, então minha irmã sai e compra um pedaço de renda branca para cobrir a mesa, e meu irmão compra um caderno de capa dura, e em pouco tempo as pessoas estão se curvando para escrever ali. Eu penso: *Voltem para casa! Por que estão indo à nossa casa escrever nesse caderno surreal? Como ousam tornar isso verdade?* Por algum motivo, essas pessoas bem-intencionadas viraram cúmplices. Sinto que estou respirando um ar contaminado pelas minhas próprias teorias da conspiração. Pontadas de ressentimento me invadem quando penso em gente com mais de oitenta e oito anos, com mais idade do que o meu pai, e que está viva e bem de saúde. Minha raiva me assusta, meu medo me assusta, e em algum lugar há também vergonha: por que estou sentindo tanta raiva e tanto medo? Tenho medo de ir para a cama e acordar; tenho medo do amanhã e de todos os amanhãs que virão depois. Sinto-me tomada por um estarrecimento incrédulo com o carteiro que continua passando, com as pessoas que continuam me convidando para dar palestras não sei onde, e com os alertas de notícias que surgem regularmente na tela do meu celular. Como é possível o mundo seguir adiante, inspirar e expirar de modo idêntico, enquanto dentro da minha alma tudo se desintegrou de forma permanente?

6.

O LUTO EXPÕE NOVAS camadas em mim, raspando escamas de meus olhos. Arrependo-me das minhas antigas certezas: *Você certamente deve vivenciar seu luto, falar a respeito, encará-lo, atravessá-lo.* As certezas arrogantes de alguém que ainda não o conhece. Já estive em luto antes, mas só agora toquei sua essência mais pura. Só agora aprendi, ao tatear em busca de seus limites porosos, que não há travessia possível. No centro desse turbilhão eu virei uma criadora de caixas, e dentro de suas paredes sólidas aprisiono meus pensamentos. Atarraxo minha mente com firmeza somente à sua rasa superfície. Não consigo pensar muito, não me atrevo a me aprofundar demais nos pensamentos, do contrário serei derrotada não apenas pela dor, mas por um niilismo acachapante, um ciclo de pensamentos do tipo que não adianta, de que adianta, nada adianta nada. Eu quero que haja um motivo, mesmo sem saber ainda de que isso consiste. Segundo Chuck, existe certa graça na negação, palavras que fico repetindo para mim mesma. Essa negação, essa recusa de olhar é um refúgio. É claro que fazer isso é também uma forma de luto, de modo que eu estou desvendo debaixo da sombra oblíqua do ver, mas imagine a catástrofe que seria um olhar direto e frontal. Muitas vezes há também a ânsia de sair correndo, correndo, a ânsia de se esconder. Mas nem sempre posso correr, e todas as vezes em que sou forçada a encarar de frente a minha dor — ao ler o atestado de óbito, ao escrever o rascunho de um anúncio fúnebre — sinto um formigamento de pânico. Nessas horas eu noto uma reação física curiosa: meu corpo começa a tremer, os dedos tamborilam de forma descontrolada, uma das pernas balança. Só consigo me aquietar quando desvio os olhos. Como as pessoas andam pelo mundo, funcionando, depois de perder um amado pai? Pela primeira vez na vida, estou apaixonada por remédios para dormir, e debaixo do chuveiro ou no meio de uma refeição começo a chorar.

7.

MINHA CAUTELA EM RELAÇÃO aos superlativos é para sempre eliminada: 10 de junho de 2020 foi o pior dia da minha vida. Existe sim o pior dia da vida de uma pessoa, e por favor, querido Universo, eu nunca quero que nada o supere. Na semana anterior ao dia 10 de junho, enquanto corria de um lado para o outro brincando com minha filha, eu caí, bati com a cabeça e tive uma concussão. Passei dias com a sensação de estar desconectada, sensível aos sons e à claridade. Não liguei para meus pais todos os dias como de costume. Quando enfim liguei, meu pai queria falar não sobre o fato de ele estar se sentindo mal, mas sobre a minha cabeça. Concussões podem levar tempo para curar, disse-me ele. "Você acabou de dizer 'cacussão'. O certo é 'concussão'", disse minha mãe ao fundo. Queria não ter ficado esses poucos dias sem ligar para eles, porque eu teria visto que ele não estava se sentindo apenas um pouco mal — ou teria pressentido caso não estivesse óbvio — e insistido para ele ir ao hospital muito antes. Queria, queria. A culpa me corrói a alma. Penso em todas as coisas que poderiam ter acontecido e em todas as formas como o mundo poderia ser transformado para impedir o que aconteceu no dia 10 de junho, para fazer isso desacontecer. Me preocupo com Okey, uma fortaleza, uma alma sensível cujo fardo tem um peso diferente do nosso porque era ele que estava lá. Ele se angustia pensando no que mais poderia ter feito naquela noite em que meu pai começou a demonstrar desconforto e lhe pediu: "Me ajude a sentar", depois disse que não, que preferia voltar a deitar. Diz que meu pai rezou, com calma, baixinho, o que pareceram ser trechos do rosário em igbo. Ouvir isso me reconforta? Só à medida que talvez tenha reconfortado meu pai.

A causa foram complicações de falência renal. Uma infeção, segundo o médico, tinha exacerbado a doença renal que o afligia havia muito tempo. Mas que infecção? Penso no coronavírus, claro. Alguns jornalistas tinham ido à nossa casa entrevistá-lo poucas semanas antes sobre o caso de um bilionário que queria confiscar as terras do nosso vilarejo natal, disputa que consumiu meu pai nos últimos dois anos. Será que ele poderia ter sido exposto naquele dia? O médico acha que não, muito embora meu pai não tenha sido testado, já que ele teria tido sintomas e ninguém mais à sua volta os teve. Como ele estava desidratado, foi internado para tomar soro na veia. Okey tirou os lençóis puídos do hospital e os substituiu pelos que trouxera de casa. O dia seguinte, 11 de junho, teria sido a consulta do meu pai com o nefrologista.

8.

Como eu amava muito o meu pai, um amor arrebatador e terno, no fundo sempre temi esse dia. Apesar disso, embalada pela sua relativa boa saúde, pensei que tivéssemos tempo. Achei que ainda não fosse a hora. “Eu tinha tanta certeza de que papai chegaria aos noventa”, diz meu irmão Kene. Todos nós tínhamos. Talvez também pensássemos, de modo irracional, que a sua bondade e o fato de ele ser um homem tão decente fossem mantê-lo conosco até bem depois dos noventa. Mas será que eu pressentia uma verdade que também negava por completo? Será que o meu espírito sabia — o modo como a aflição cravou suas garras no meu estômago assim que eu soube que ele não estava bem; o fato de eu ter passado duas noites em claro; e a mortalha cada vez mais sombria a me encobrir, que eu não conseguia identificar nem afastar? Eu sou a Preocupada da Família, mas mesmo para mim foi extrema a forma como desejei desesperadamente que os aeroportos nigerianos estivessem abertos para poder pegar um voo até Lagos, depois até Asaba, e viajar uma hora de carro até minha cidade natal para ver meu pai com meus próprios olhos. Então eu sabia. Era tão próxima do meu pai que sabia sem querer saber, sem saber inteiramente o que sabia. Uma coisa dessas, temida durante tanto tempo, finalmente chega, e na avalanche de emoções vem também um alívio amargo e insuportável. Esse alívio se torna uma forma de agressão e traz consigo pensamentos estranhamente insistentes. Inimigos, atenção: o pior aconteceu. Meu pai se foi. Minha loucura agora vai se revelar.

9.

A RAPIDEZ COM QUE MINHA VIDA se tornou outra vida, como essa mudança é implacável e como, apesar disso, sou lenta para me adaptar. Okey me manda o vídeo de uma mulher bem velhinha entrando pela porta da frente da nossa casa, aos prantos, e eu penso: *Preciso perguntar ao papai quem é.* Nesse pequeno instante, o que foi verdade durante os quarenta e dois anos da minha vida continua sendo: meu pai é tangível, ele inspira e expira, eu posso procurá-lo, conversar com ele, ver o brilho dos seus olhos por trás das lentes dos óculos. Então sinto um engulho terrível e torno a me lembrar. Esse esquecimento momentâneo parece ao mesmo tempo uma traição e uma bênção. Será que eu esqueço porque não estou lá? Acho que sim. Meu irmão e minha irmã estão lá, cara a cara com a desolação de uma casa sem meu pai. Minha irmã ajoelhada ao lado da cama dele, aos prantos. Meu irmão usando uma de suas boinas, aos prantos. Veem que ele não está à mesa para o café da manhã, na sua cadeira que tapa a luz da janela, e que depois do café não está acomodado no sofá para seu ritual do meio da manhã de cochilo, leitura e outro cochilo. Se pelo menos eu também pudesse estar lá, mas estou presa nos Estados Unidos, e minha frustração é como se fosse uma bolha, e vivo revirando os jornais em busca de notícias sobre quando os aeroportos na Nigéria vão abrir. Nem as autoridades nigerianas parecem saber. Uma reportagem diz julho, depois agosto, e depois ouvimos dizer que talvez seja em outubro, mas o ministro da Aviação tuíta "talvez antes de outubro". Talvez sim, talvez não; é como brincar de ioiô com um gato, só que o ioiô são as pessoas suspensas num limbo porque não podem pôr para descansar aqueles que amam.

10.

Esquivo-me das condolências. As pessoas são gentis, bem-intencionadas, mas saber disso não torna suas palavras menos irritantes. "Falecimento." Os nigerianos adoram dizer isso, mas a palavra me evoca distorções sombrias. "O falecimento do seu pai." Detesto "falecimento". "Ele descansou" não reconforta, e sim provoca um muxoxo que acaba conduzindo à dor. Ele poderia muito bem estar descansando em seu quarto na nossa casa de Abba, com o ventilador fazendo circular o calor, a cama repleta de jornais dobrados, um livro de sudoku, o velho folheto de um enterro, um calendário dos Cavaleiros de Sta. Mulumba, uma bolsa com seus frascos de remédio, e seus cadernos de páginas cuidadosamente pautadas nos quais ele registrava cada coisinha que comia para controlar a diabetes. "Ele foi para um lugar melhor" é de uma presunção espantosa e tem um quê de inepto. Como é que você poderia saber? E por acaso eu, que estou de luto por ele, não deveria ter acesso primeiro a essa informação? Será que eu deveria mesmo estar ouvindo isso de você? "Ele estava com oitenta e oito anos" causa uma irritação profunda, porque a idade no luto é irrelevante: não importa quantos anos ele tinha, mas o quanto ele era amado. Sim, ele tinha oitenta e oito anos, mas um buraco de proporções cataclísmicas agora de repente se abriu na sua vida, e uma parte de você foi levada embora para sempre. "Aconteceu, então vamos celebrar a vida que ele teve", escreveu uma velha amiga, e aquilo me deixou enfurecida. Que fácil fazer um sermão sobre o caráter definitivo da morte quando na verdade é justamente o caráter definitivo da morte que é a fonte de toda aflição. Eu hoje me envergonho das palavras que já disse a amigos enlutados. "Encontre paz nas suas lembranças", eu costumava dizer. Ter um amor arrancado, sobretudo quando isso é inesperado, e depois ouvir que se deve recorrer às lembranças. Em vez de virem me acudir, minhas lembranças trazem eloquentes pontadas de dor que dizem: "É isso que você nunca mais vai ter". Às vezes elas trazem o riso, mas um riso que é como carvões em brasa que logo voltam a se transformar nas chamas da dor. Tomara que seja uma questão de tempo — tomara que seja só demasiado cedo, terrivelmente cedo para esperar que as lembranças sirvam apenas como bálsamo.

O que não parece um cutucão proposital numa ferida é um simples "eu sinto muito", porque em sua banalidade essa expressão não presume nada. O igbo *ndo* reconforta mais, uma palavra que significa "sinto muito" com um viés metafísico, uma palavra com fronteiras mais largas do que apenas "sinto muito". Lembranças concretas e sinceras de quem o conheceu é o que mais reconforta, e me acalenta quando constato que as mesmas palavras se repetem: "honesto", "calmo", "gentil", "forte", "discreto", "simples", "tranquilo", "integridade". Minha mãe me diz que Ayogu ligou dizendo que meu pai era o único chefe que "nunca tinha lhe dado problema". Lembro-me de Ayogu, alto, de modos refinados, motorista do meu pai quando ele foi vice-reitor substituto da Universidade da Nigéria nos anos 1980. Terá meu pai se referido a ele ou ao outro motorista, Kevin, o charmoso radical, quando respondeu com toda calma certo dia, depois de eu ter afirmado com a altivez de uma criança de sete anos que desejava que o meu motorista me levasse à escola: "Ele é *meu* motorista, não seu".

11.

O LUTO NÃO É ETÉREO; ele é denso, opressivo, uma coisa opaca. O peso é maior de manhã, logo depois de acordar: um coração de chumbo, uma realidade obstinada que se recusa a ir embora. Eu nunca mais vou ver meu pai. Nunca mais. É como se eu só acordasse para afundar cada vez mais. Nessas horas tenho certeza de que nunca mais quero encarar o mundo. Anos atrás, alguém morreu e um parente disse, num tom de certeza: "A esposa não pode ficar sozinha", e eu pensei: *Mas e se ela quiser ficar?* Esse jeito igbo, esse jeito africano de lidar com o luto tem seu valor: o luto exteriorizado, performático e expressivo, no qual se atende a todos os telefonemas e se conta e reconta o que aconteceu, no qual o isolamento é um anátema e "pare de chorar" um refrão. Mas eu não estou pronta. Falo só com minha família mais próxima. Esse meu recolhimento é algo instintivo. Imagino a incompreensão de alguns parentes, sua reprovação até, quando se deparam com meu fechamento sobre mim mesma, com as chamadas que não retorno, as mensagens que deixo de ler. Talvez eles considerem isso uma autoindulgência impossível de entender, ou então uma afetação ligada à fama, ou os dois. Na verdade essa postura no início é uma proteção, um jeito de evitar mais dor ainda, porque estou esgotada de tanto chorar, e falar sobre o acontecido significaria chorar outra vez. Mas depois é porque eu quero ficar sozinha com meu luto. Quero proteger — esconder? de quem? — essas sensações desconhecidas, essa estonteante sequência de montes e vales. Há um desespero para me livrar desse fardo, e depois uma ânsia igualmente forte de abrigá-lo, de segurá-lo bem apertado. Será possível ser possessivo em relação à própria dor? Quero que a dor me conheça, quero conhecê-la também. Meu vínculo com meu pai era tão precioso que não sou capaz de expor meu sofrimento antes de conseguir discernir seu contorno. Um dia estou no banheiro, totalmente sozinha, e chamo meu pai pelo apelido carinhoso que tinha para ele — "o dada original" — e sinto um breve cobertor de paz me envolver. Breve demais. Sou uma pessoa que desconfia de sentimentalismos, mas desse momento repleto do meu pai tenho certeza. Se for uma alucinação, então eu quero mais, mas não torna a acontecer.

12.

As roupas de frio dos meus pais estão penduradas no armário do quarto de hóspedes que minha filha chama de "quarto do vovô e da vovó". Toco o casaco de gominhos verde-oliva do meu pai. Na gaveta estão seus mapas de Maryland, assim como ele tem mapas da Nova Inglaterra numa gaveta na casa da minha irmã em Connecticut. Durante os meses que ele e minha mãe passavam nos Estados Unidos anualmente, ele estudava seus adorados mapas — as divisas dos condados, o que ficava ao norte ou ao sul de quê — e planejava cada passeio, até as saídas para um brunch. Cenas da última visita do meu pai: ele andando para lá e para cá no acesso de garagem em frente à casa, seu exercício matinal, num passo não mais tão célere quanto antes (seu misto de caminhada e jogging matinal desacelerou consideravelmente por volta dos oitenta e quatro anos de idade), e ele resolvendo contar as voltas com pedras, então encontramos uma pilha de pedras junto à porta da frente. Ele pegando cookies na despensa, descuidado, sem ver que deixava para trás um rastro de migalhas. Ele em pé bem na frente da televisão, seu código para "vocês todos têm que parar de falar", assistindo a Rachel Maddow, que ele diz ser "inteligente", ao mesmo tempo que balança a cabeça diante do imbróglio em que se transformaram os Estados Unidos.

13.

Releio *a Biografia do maior professor universitário de estatística da Nigéria, James Nwoye Adichie*, escrita pelo professor emérito Alex Animalu, pelo professor Peter I. Uche e por Jeff Unaegbu, publicada em 2013, três anos antes de meu pai ser nomeado professor emérito da Universidade da Nigéria. A impressão é irregular, as páginas estão levemente desalinhadas, mas sinto uma onda eufórica de gratidão pelos autores. Por que a linha de homenagem da minha mãe no livro — "as crianças e eu o adoramos" — me traz tanta paz? Por que soa tranquilizadora e profética? Agrada-me que essa linha exista, que esteja para sempre impressa e registrada. Reviro meu escritório em busca das velhas cartas que ele mandava da Nigéria assim que vim para os Estados Unidos fazer faculdade, e quando as encontro sinto uma emoção intensa ao ver sua caligrafia. Essa letra conta a sua história, a caligrafia curvilínea de certo tipo de educação africana colonial, cautelosa e caprichada, respeitadora das regras e amante do latim. *Nnem ochie*, era como ele me chamava. Minha avó. Terminava sempre com “Seu pai” e a sua assinatura. Ele assinava até nossos cartões de aniversário, o que fazia eu e meus irmãos rirmos. “Papai, isso não é um memorando da universidade”, dizíamos, “não precisa assinar.” Procuro em todo lugar o pedaço de papel no qual ele desenhou para mim a árvore genealógica da nossa família remontando a quatro gerações, mas não consigo encontrar, e o fato de não conseguir encontrá-lo me perturba por vários dias, caixas e pastas abertas, papéis jogados por toda a parte.

Olho fotos antigas, e de tempos em tempos meu corpo inteiro se infla num soluço. Meu pai muitas vezes aparecia rígido nas fotos, pois cresceu considerando a fotografia um acontecimento raro e formal, para o qual era preciso se arrumar e ficar sentado numa posição desconfortável na frente de um homem com um tripé. "Relaxe, papai. Papai, sorria." Às vezes eu tentava beliscar seu pescoço. Tem uma foto dele que eu me lembro de ter tirado. Ele está sentado em frente à nossa bagunçada mesa de jantar em Nsukka, a casa no campus da Universidade da Nigéria em que cresci, na sua cadeira ao lado da cadeira que era da minha mãe. Nosso ritual de massagem de cabeça começou ali. Eu estava no ensino médio quando ele começou a ficar careca, e chegava por trás dele nessa mesa de jantar e massageava sua cabeça, e ele, sem parar o que quer que estivesse dizendo, dava um leve tapa na minha mão para tirá-la dali.

Assisto a vídeos salvos no meu computador que são como revelações, pois não me lembro deles, embora tenha gravado vários. Nós tomando café da manhã na minha casa em Lagos, e eu fingindo ser uma jornalista nigeriana e perguntando a ele sobre o seu namoro com minha mãe, enquanto ele me ignora com um leve sorriso no rosto. Nós em nossa casa de Abba, e minha filha, com três anos de idade, chorando porque quer pular o café da manhã e ir brincar, e meu pai pegando-a e dizendo à babá para levar a comida embora e deixá-la ir brincar.

14.

No meu escritório encontro seus velhos livros de sudoku, os quadradinhos preenchidos com seus algarismos retos e confiantes, e me lembro de nós dois indo de carro comprá-los numa livraria em Maryland alguns anos atrás. Ele me comprou um para eu experimentar porque era "muito bom", mas tentar o primeiro desafio reavivou meu ódio pela matemática. Lembrei do meu pai me incentivando antes de eu prestar o exame de conclusão do ensino médio, e dele dizendo, quando eu estava empacada resolvendo uma longa equação: "Isso, você está chegando lá. Não duvide de si mesma. Não pare". Será por isso que hoje em dia eu acredito em sempre tentar? É claro que é demasiado fácil traçar linhas simples de causa e efeito. O que me formou foi o conjunto de tudo que ele era, mas foram também esses incidentes, pedacinho por pedacinho.

No ensino médio, meus amigos e eu um dia levamos um problema para o tímido professor de matemática novo, o sr. O., que, ao olhar para o problema espinhoso, foi logo dizendo que precisava ir pegar sua tábua de logaritmos, embora o problema não exigisse uma tábua de logaritmos. Saímos da sua sala urrando de tanto rir, com a maldade típica dos adolescentes. Contei isso ao meu pai imaginando que ele fosse rir também. Só que ele não riu. "Esse homem não é um bom professor. Não por não ter sabido resolver o problema, mas por não ter dito que não sabia." Terá sido assim que me tornei uma pessoa confiante o suficiente para dizer que não sei quando não sei? Meu pai me ensinou que aprender não tem fim. Ele não tinha a prerrogativa de muitos pais e mães igbo da mesma geração, aquela reivindicação do tempo, do dinheiro e do esforço dos filhos — que desconfio que nós teríamos perdoado, de qualquer forma. Mas o fato de ele ser tão respeitoso em relação aos nossos limites, e tão grato pelas pequenas coisas, parecia ser uma diferença de valor incalculável.

Eu muitas vezes o chamei por seu título *Odelu-Ora Abba*, cuja tradução literal seria "Aquele que escreve para nossa comunidade". E ele também me chamava por títulos, e o fato de fazer isso era uma litania de afirmação carregada de amor. *Ome Ife Ukwu* era o mais comum. "Aquela que faz coisas incríveis." Os outros acho difíceis de traduzir: *Nwoke Neli* é mais ou menos "O equivalente de muitos homens", e *Ogbata Ogu Ebie* é "Aquela cuja chegada encerra a batalha". Será por isso que nunca temi a reprovação dos homens? Acho que sim.

15.

Ninguém estava preparado para a paixão que meu pai iria desenvolver por sudoku depois de aposentado, motivo de grande irritação para minha mãe.

"Ele não quer comer", dizia ela, "porque está ocupado jogando sudoku."

"Não se *joga* sudoku", respondia ele, distraído. "Não é Ludo."

E eu brincava: "James e Grace, se bicando desde 1963".

As primeiras palavras da minha mãe, quando Okey entrou no seu quarto na noite do dia 10 de junho e lhe contou, foram: *How can?*, "Como pode?". No falar coloquial nigeriano, isso significa "Não pode ser, é impossível, não tem como". E ela então acrescentou as palavras que ficaram gravadas como a ferro em brasa em nosso coração naquela chamada de Zoom: "Mas ele não me falou nada". Porque ele teria falado. Os dois eram assim. Se ele ia nos deixar para sempre, teria falado com ela, então o fato de não ter falado com ela significava que aquilo talvez não fosse verdade. Minha mãe tinha ficado no hospital até algumas horas antes, e ido em casa dormir um pouco para depois voltar a tempo da consulta com o nefrologista em Onitsha. "Eu já tinha tirado o suéter dele do armário para caso ele ficasse com frio", falou.

A história do namoro deles me encantava. Tudo começou numa fazenda em 1960 sem que nenhum dos dois estivesse presente. Um parente dele estava se gabando do rapaz inteligente que acabara de começar a lecionar numa universidade e estava à procura de uma esposa instruída. Um parente dela disse que ela era instruída e linda, clara feito uma garça. Clara feito uma garça! O *na-enwu ka ugbana!* Outra piada recorrente na nossa família.

"Quer dizer, papai, que você simplesmente pegou o carro e foi até uma cidade que não conhecia para 'ver' uma moça de quem tinha ouvido falar?", eu o provocava com frequência. Mas era assim que se fazia. Minha mãe gostou de como ele era calado. Quando, no início, a família dela resistiu, porque ele não era tão vistoso nem tão rico quanto seus outros pretendentes, ela disse que não se casaria com mais ninguém. Eu o chamava de DDE, Defensor da Esposa, pela rapidez com que ele sempre saía em defesa da minha mãe. Certa tarde, quando ela era vice-reitora administrativa — mais tarde viria a se tornar a primeira reitora administrativa da Universidade da Nigéria —, ele chegou em casa felicíssimo, rindo ao afrouxar a gravata, quase explodindo de orgulho com o discurso da esposa na reunião do conselho universitário. "Mamãe foi fantástica", disse ele a meus irmãos e eu.

16.

Okey me diz que naquela noite pôs no bolso o relógio de pulso de papai e me manda uma foto, o relógio de prata com mostruário azul que Kene lhe comprou alguns anos atrás. Achamos graça que meu pai começou imediatamente a usar o relógio; muitas vezes lhe comprávamos coisas que ele não usava porque, segundo ele, a camisa de 1970 ou os sapatos de 1985 ainda estavam perfeitos. Olho a foto do relógio todo dia, por dias a fio, como se aquilo fosse uma romaria. Lembro-me dele em volta do pulso do meu pai e de como meu pai o consultava com frequência. Essa é uma imagem arquetípica dele, o rosto curvado em direção ao relógio para ver as horas, um homem hiperpontual; para o meu pai, chegar na hora era quase um imperativo moral.

Minha infância foi meu pai no térreo da casa domingo de manhã, pronto para a missa uma hora antes de todo mundo, andando de um lado para o outro para nos apressar. Naquela época ele parecia distante. A adulta carinhosa e acessível era minha mãe, e ele era o homem que vivia no escritório escrevendo estatísticas e falando sozinho. Eu sentia por ele um vago orgulho. Talvez não soubesse que ele era o mais importante professor universitário de estatística da Nigéria, mas sabia que ele tinha virado titular muito antes dos pais dos meus amigos, pois havia um menino na escola que me chamava de

Nwa Professor, filha do professor. No final da adolescência comecei a enxergá-lo, a ver o quanto éramos parecidos por sermos curiosos e caseiros, a conversar com ele e a adorá-lo. Como era intensa a atenção que ele prestava, como ele era presente, como sabia ouvir. Se você lhe dissesse alguma coisa, ele se lembrava. Seu humor, já seco, foi ficando deliciosamente mais cortante à medida que ele envelhecia.

17.

MINHA MELHOR AMIGA Uju me conta como meu pai se virou para ela no final do meu discurso no Harvard Class Day, em 2018, e com uma voz mais potente ainda devido ao fato de estar cochichando falou: "Olhe, estão todos se levantando para ela". Isso me faz chorar. Parte da tirania do luto é que ele impede a pessoa de recordar as coisas importantes. O orgulho que ele sentia de mim é importante, mais do que o de qualquer outra pessoa. Ele lia tudo que eu escrevia, e seus comentários iam de "isto não está nem um pouco coerente" a "você se superou". Sempre que eu viajava para dar alguma palestra, mandava meu itinerário para ele, que enviava mensagens de texto para acompanhar meu progresso. "Você deve estar quase subindo no palco", escrevia. "Vá lá e brilhe. *Ome ife ukwu!*" Uma vez eu estava indo para a Dinamarca e, depois de me desejar boa viagem, ele emendou, do seu jeito direto: "E quando chegar na Dinamarca procure a casa do Hamlet".

18.

"Você deveria se casar logo com o seu pai!", dizia com frequência minha prima Oge com uma exasperação brincalhona, talvez porque uma das coisas que eu mais gostasse de fazer no mundo era simplesmente passar tempo com meu pai. Ficar sentada com ele falando sobre o passado era como recuperar um glorioso tesouro que sempre fora meu. Ele me presenteou com minha ancestralidade por meio de histórias muito bem construídas. Eu não apenas o adorava daquele jeito clássico que as filhas têm de adorar o pai, mas também gostava muito dele. Eu *gosto* dele. Gosto da sua graça, da sua sabedoria, da sua simplicidade e de como ele era absolutamente impossível de impressionar. Gostava da sua fé luminosa e moderada, forte, porém vivida com leveza. Se alguém quisesse que meu pai passasse o fim de semana em algum lugar, era preciso achar a igreja católica mais próxima. Assim que me mudei para Maryland, tive receio de que a igreja de São João Evangelista, localizada num centro ecumênico em Columbia e com um coro que incluía uma guitarra elétrica, fosse lhe desagradar por ser muito diferente do seu catolicismo de vitrais, mas ele declarou que o padre era "muito bom" e ia lá feliz todos os domingos. Gostava que a sua reação ao poder fosse um dar de ombros. Ele venerava a integridade.

Floreios grandiosos lhe causavam indiferença, quando não desconfiança.

"Eu tenho oito carros", gabou-se certa vez o rico pretendente da minha irmã, e meu pai retrucou: "Por quê?".

Ele não era materialista, e isso não seria uma coisa tão notável se ele não fosse um nigeriano morando na Nigéria, com seus princípios de cobiça obstinada, seu consumismo desenfreado e irrestrito. Todos nós tínhamos sido em alguma medida contaminados, mas apenas ele permanecia inteiramente livre. Eu gostava do seu senso de dever. Sua natureza tinha algo de adaptável, ele era um espírito capaz de se expandir; absorvia más notícias; negociava, fazia concessões, tomava decisões, ditava regras, mantinha parentes unidos. Muito disso era o resultado de ter sido o primogênito de uma família igbo e feito jus ao seu emaranhado de expectativas e ditames. Ele preenchia de significado as descrições mais simples: bom homem, bom pai. Eu gostava de chamá-lo de "homem gentil e gentil-homem".

Gostava também do valor que ele dava à organização correta das coisas. Seus registros meticulosos, as fileiras de pastas no seu arquivo. Cada filho tinha uma pasta para o histórico do ensino fundamental, médio e universitário, e todo ajudante doméstico que morou conosco tinha sua pasta. Certa vez, quando estava assistindo a um noticiário americano, ele se virou para mim e perguntou: "O que significa essa palavra, *nuke*?". E quando lhe expliquei o significado, ele comentou: "Armas nucleares são uma coisa séria demais para ter apelido".

"Você tem uma risada especial quando está com papai", me diz meu marido, "mesmo quando o que ele fala não tem graça."

Reconheço a risada aguda que ele imita e sei que ela tem menos a ver com o que o meu pai diz do que com o fato de estar com ele. Uma risada que eu nunca mais vou dar. "Nunca mais" veio para ficar. "Nunca mais" parece muito injusto e punitivo. Eu vou passar o resto da vida com as mãos estendidas tentando alcançar coisas que não estão mais ali.

19.

No último Natal, na festa de inauguração da casa de campo da minha irmã Ijeoma, meu pai foi o patriarca e o centro das atenções, e sentado no meio da sala abençoou a noz-de-cola, bebericou um pouco de champanhe, embora quase não bebesse, e contou histórias. Parentes chegavam e iam direto até ele prestar homenagem. Em algum momento dessa tarde ele recebeu uma mensagem de WhatsApp, mas só a mencionou à noite, quando já estávamos outra vez em casa. Passou-me o celular e disse: "Leia isto aqui. Pelo visto esse homem enlouqueceu de vez".

"Esse homem" era o bilionário decidido a confiscar a vasta extensão de terras ancestrais que pertence a Abba, a cidade dos meus antepassados. A terra é a joia da cosmologia igbo, e a quem pertencem as terras muitas vezes tem a ver com histórias: que avô de qual avô a cultivou, que clã migrou para lá e qual outro era nativo. A terra é também a causa de muitas desavenças; conheço famílias dilaceradas em brigas por um pedaço de terra menor do que uma vaga de carro. Essas terras, no caso, eram cultivadas pelo povo de Abba havia décadas, mas no final da Guerra de Biafra, quando todo o território igbo estava de pernas para o ar, quando a ordem antiga tinha desaparecido e uma nova ordem ainda precisava ser criada, a cidade ao lado da nossa de repente alegou que as terras eram suas. Abba entrou na justiça, e o caso está empacado há anos. Muitas pessoas em Abba acreditam que o bilionário foi responsável por deter e encarcerar arbitrariamente moradores do vilarejo, para lhes meter medo e fazê-los abrir mão da reivindicação do direito às terras. Um mercado foi destruído por uma escavadeira. Muros de casas foram quebrados. (O irmão dele contestou as denúncias numa entrevista para o *The Guardian*.) Ninguém em Abba chegava nem aos pés da riqueza e das ligações políticas desse bilionário, mas um comerciante sem papas na língua chamado Ikemba Njikoka estava bancando as despesas jurídicas da minha cidade e fazendo declarações públicas sobre o comportamento do bilionário. Ele próprio havia sofrido ameaças. A mensagem de WhatsApp no celular do meu pai fora encaminhada por Ikemba Njikoka, e afirmava que "você" seria preso numa reunião do conselho da cidade naquele fim de semana.

Meu pai, que não tinha experiência com o WhatsApp, não percebeu que aquela era uma mensagem encaminhada e pensou que *ele* estivesse prestes a ser preso ilegalmente. Tinha passado o dia inteiro em silêncio carregando esse peso.

"Papai, você deveria ter dito alguma coisa antes."

"Não quis estragar o dia de Ijeoma", respondeu ele.

Me dá raiva que os últimos meses do meu pai tenham sido prejudicados pelos atos de um insignificante e autoproclamado filantropo, embriagado pelo dinheiro ganho com petróleo e desprovido de qualquer escrúpulo. Me dá raiva o quanto me preocupei com a segurança dos meus pais, principalmente no final de 2019, quando o bilionário deu início a uma campanha feroz contra a minha cidade. "Isso é *errado*", disse meu pai muitas vezes com um arrepio moral, como se fosse inconcebível um nigeriano rico agir desse jeito. Assim como quando se tratava de fraudes em exames — um fenômeno tão comum na Nigéria que chega a ser banal —, cada ocorrência da qual meu pai ouvia falar lhe causava a mesma consternação. Ele tinha uma espécie de ingenuidade, de inocência dos justos. Quando meus irmãos e eu lhe fizemos uma surpresa no seu aniversário de oitenta anos e chegamos no apartamento de nossos pais em Nsukka vindos dos Estados Unidos e do Reino Unido, ele não parava de olhar estarrecido para minha mãe por ela ter sido capaz de "mentir" para ele. "Mas você disse que uns amigos iam vir. Não que as crianças viriam.”

“Não, papai; ela não podia dizer. Surpresa é isso.”

20.

"A MAMÃE ESTÁ TRISTE porque o vovô morreu", disse minha filha de quatro anos para a prima. "Morreu." Ela conhece a palavra "morreu". Pega lenços de papel numa caixa e os entrega a mim. Sua prontidão emocional me comove, me surpreende e me impressiona. Alguns dias mais tarde ela pergunta: "Quando o vovô vai acordar?".

Eu choro, não consigo parar de chorar, e desejo que a sua compreensão do mundo fosse real. Que o luto não significasse a total impossibilidade da volta.

Um dia de manhã, estou assistindo a um vídeo do meu pai no celular, e minha filha olha para minha tela e então cobre meus olhos depressa com a mão. “Não quero que você veja o vídeo do vovô porque não quero que você chore”, diz. Ela tem a vigilância de um falcão para detectar minhas lágrimas.

“Você sempre vai se lembrar de como o vovô a chamava?”, pergunto a ela.

“Sim, mamãe. *Ezigbo nwa*”, diz ela. Boa filha, tradução que se torna ainda mais inadequada pelo fato de ser literal.

Eu lhe contarei o quanto ela o encantava, sua oitava neta; como ele gostava do fato de ela estar sendo criada bilíngue; como meu marido e eu brincávamos que o vovô iria nos punir se nós a chateássemos. Uma cena dos primeiros meses da minha filha: meu pai subindo a escada às carreiras enquanto minha filha se esgoelava de chorar no térreo sob os cuidados da minha mãe. Ele foi despachado escada acima para pegar a chupeta, mas como não se lembra da palavra começa a fazer gestos urgentes apontando para a própria boca e me diz: "Rolha de boca!". Meses mais tarde, o desfralde da minha filha já superou o marco do xixi, e ela agora foi convencida a sentar no penico e fazer mais do que xixi diante de uma plateia embevecida formada por familiares, e meu pai entra na sala e pergunta suavemente: "Algum de vocês *iria* fazer com tanta gente assim assistindo?".

21.

Os DITAMES CULTURAIS DOS IGBO, essa passagem imediata da dor para o planejamento. Outro dia mesmo meu pai estava na nossa videochamada do Zoom, e nessa chamada do Zoom de agora nós precisamos planejar. Planejar significa aplacar os egos da igreja e dos grupos tradicionais e conseguir que uma data de enterro seja aprovada, o que não pode acontecer durante o festival do inhame novo nem em nenhuma outra cerimônia comunitária, e precisa ser numa sexta-feira, porque o padre da paróquia só enterra os idosos às sextas. Mas o mais importante de tudo é a “liberação” — em inglês essa palavra é usada com grande frequência, “liberação”. A liberação prova a profundidade, a força do elemento comunitário na cultura igbo. Liberar significa que é preciso saldar qualquer dívida com a classe etária, com o sindicato da cidade, com o vilarejo, com o clã, com a *umunna*; caso contrário, o funeral sofrerá um boicote. Para a maioria dos igbo, pelo menos os da geração do meu pai, não ter um funeral adequado é quase um temor existencial. É comum ouvir histórias de famílias enlutadas indignadas com a manipulação de grupos no vilarejo pedindo dinheiro, sua única chance de exercer um pequeno poder. Como meu pai era cuidadoso com suas obrigações, Okey inicia uma peregrinação para coletar todos os recibos. Há longas listas do que cada grupo espera de nós: as classes etárias, a *umuada*, a associação tradicional de mulheres da cidade, os grupos católicos, o conselho de chefes, os membros da vigilância que protegem nossa cidade. Quantos isopores de arroz, se o presente vai ser uma galinha ou um cabrito, quantos engradados de cerveja. Olho torto para essas listas. Não é a droga de uma festa. Eu não ligo para o que vamos vestir, nem para o que o catering vai preparar, nem para quais grupos vão ou não comparecer, porque eu continuo afundando. Mas preciso ligar; essas coisas tinham importância para o meu pai. "Pense no que papai iria querer", diz meu irmão Chuks para me reconfortar.

Meu avô morreu na Guerra de Biafra, num campo de refugiados, e foi enterrado numa cova sem identificação, e uma das primeiras coisas que meu pai fez depois da guerra foi organizar uma cerimônia fúnebre posterior. Assim, tento lembrar que meu pai teria desejado as coisas como elas devem ser feitas. Quando minhas irmãs Ijeoma e Uche nasceram, na temporada que meu pai passou em Berkeley nos anos 1960, ele e minha mãe decidiram falar apenas igbo com as duas. "Sabíamos que elas aprenderiam inglês, e não podíamos imaginar ter filhos que não falassem a nossa língua", disse-me ele. Meus irmãos e eu fomos criados com uma forte noção de identidade igbo, e, se isso era orgulho, então era um orgulho tão orgânico, tão inevitável, que não parecia haver necessidade de chamá-lo assim. Nós simplesmente éramos. Há muitas coisas que eu considero bonitas na cultura igbo, e muitas coisas das quais discordo, e o que me desagrada não é a natureza celebratória dos funerais igbo, mas sim a rapidez com a qual eles precisam acontecer. Eu preciso de tempo. Por enquanto, o que eu quero é sobriedade. Um amigo me manda uma frase do meu romance: "A dor era a celebração do amor, aqueles que sentiam dor verdadeira tinham sorte de ter amado". Estranho sentir uma dor tão intensa ao ler minhas próprias palavras.

22.

Nas chamadas de Zoom nós batemos a cabeça, despreparados, desinformados em relação a coisas práticas. É também um naufrágio emocional. Como tivemos a grande sorte de sermos felizes, de estarmos fechados numa unidade familiar segura e intacta, não sabemos o que fazer com essa ruptura. Até agora, o luto pertencia aos outros. Será que o amor traz, nem que seja de forma inconsciente, a arrogância ilusória de achar que nunca vamos ser tocados pela dor? Tropeçamos; oscilamos entre uma alegria extrema e forçada e a agressividade passiva, ou brigas sobre como os convidados devem ser servidos. A felicidade se torna uma fraqueza, porque deixa a pessoa indefesa diante da dor. Devemos a meus pais o fato de cada um de nós seis se sentir individualmente e intimamente conhecido e amado. Mas "o luto é diferente para cada um" é fácil de ser absorvido pelo intelecto; para o coração é bem mais difícil. Passo a temer as chamadas de Zoom envoltas em sombras. O formato da família mudou para sempre, e nada torna isso mais tocante do que deslizar a tela do celular e não ver mais o quadradinho com a palavra "Papai".

Minha mãe diz que algumas viúvas foram lhe dizer qual é o costume. Primeiro a viúva deve ter a cabeça raspada — e antes de ela conseguir continuar, meus irmãos vão logo dizendo que isso é ridículo e não vai acontecer. Eu digo que ninguém raspa a cabeça dos homens quando suas esposas morrem; ninguém nunca faz os homens passarem dias comendo comidas insossas; ninguém espera que o corpo dos homens exiba a marca da sua perda. Mas minha mãe diz que quer fazer tudo: “Eu vou fazer tudo o que se faz. Vou fazer pelo papai”.

23.

Imagine temer um enterro e mesmo assim desejar que ele aconteça. Nós tínhamos escolhido uma data, 4 de setembro, e o bispo gentilmente concordara em rezar a missa. A cerimônia vai respeitar os protocolos da covid: máscaras são obrigatórias, e os convidados serão servidos na casa de diversos vizinhos que respeitarão as regras de distanciamento social. Sou incumbida de escrever uma primeira versão do convite. Escrever "funeral" é impossível para mim. Minha amiga Uju é quem digita a palavra, porque de início não sou capaz. Mas um dia antes de mandarmos imprimir os convites circulam boatos de que os aeroportos da Nigéria não vão mais abrir em agosto. As notícias são vagas — até mesmo as informações básicas são desencontradas — e tudo fica ainda mais confuso pelo fato de que nos países vizinhos os aeroportos estão abertos. A Nigéria, como sempre, está tornando tudo mais difícil do que deveria ser. A incompetência é iridescente, tentacular, espaçosa, maculando tudo com seu verniz malévolo de muitos braços. A desilusão com meu país de nascimento tem sido uma constante na minha vida, mas uma animosidade amarga assim é novidade. Só senti algo do tipo uma vez, quando meu pai foi raptado em 2015 por um grupo de homens cúmplices do seu motorista, que o fez pedir à filha famosa para pagar o resgate. Dos homens que o jogaram no porta-malas de um carro e o deixaram numa floresta durante três dias, apenas o motorista foi pego. Nunca na vida me senti tão grata como naquele momento pela dupla cidadania nigeriana e norte-americana do meu pai — graças a minhas irmãs mais velhas, nascidas nos Estados Unidos, onde eu estava naquele momento. O governo nigeriano se mostrou inerte, enquanto o embaixador norte-americano foi nos ver, telefonou, mandou um psicólogo e um educado investigador, que instruiu minha mãe sobre como falar com os sequestradores. E, depois de Okey deixar um saco cheio de dinheiro debaixo de uma árvore numa região afastada, meu pai foi solto, abalado, mas calmo — novamente aquela coisa adaptável que ele tinha.

"Ninguém sabia pronunciar direito o seu nome, então eu disse a eles qual era a pronúncia correta", disse-me ele. Só pareceu visivelmente incomodado ao nos contar como os sequestradores tinham dito: "Seus filhos não amam você", e como ele respondeu: "Não digam isso, isso está incorreto. Não digam isso dos meus filhos". Depois do sequestro, meu pai disse que não podia mais morar em Nsukka e quis se mudar para "o vilarejo", para a cidade natal de nossos antepassados, Abba.

"Eu nunca mais quero passar nessa estrada", disse ele sobre a via toda esburacada onde os sequestradores o haviam fechado e que seu motorista, fingindo espanto, parou o carro. O sequestro tinha feito surgir nele uma vulnerabilidade nova e que ele expunha voluntariamente, um amolecimento da sua carapaça. Com essa vulnerabilidade veio também uma teimosia de homem velho, o mau humor ocasional que às vezes nos irritava, mas na maioria das vezes nos divertia.

Então, 4 de setembro é impossível. O governo da Nigéria anuncia que os aeroportos vão abrir no final de agosto, e minha mãe volta à igreja para marcar uma nova data. Agora vai ser no dia 9 de outubro. No dia seguinte, um jornal nigeriano noticia que a abertura dos aeroportos é incerta — pode ser que sim, pode ser que não. Minha mãe está desesperada para firmar a data. “Depois do enterro vamos poder começar a nos curar”, diz ela. Fico arrasada ao vê-la tão corajosa e tão exausta.

24.

A ESPERA, O FATO DE NÃO SABER. Todas as funerárias do Sudoeste da Nigéria estão lotadas porque o coronavírus atrasou os enterros. Não importa se a nossa funerária é supostamente a melhor do estado de Anambra. Mesmo assim, é preciso ir lá com frequência dar gorjeta aos agentes funerários; ouvem-se histórias horríveis sobre pessoas queridas saindo de funerárias com um aspecto irreconhecível. Uma vez por semana, Okey vai ver como estão as coisas e sai de lá arrasado. É como se toda semana ele testemunhasse de novo aquela transubstanciação tão intensamente indesejada. Eu preciso tomar coragem para escutar. Ou então não quero escutar. "Parar de ir, talvez?", sugiro. "Vamos pedir para alguém que não seja próximo da gente." E Okey diz: "Eu vou lá toda semana até a gente conseguir que ele descanse. Papai faria a mesma coisa por qualquer um de nós".

25.

CERTA NOITE, MEU PAI VOLTA num sonho vívido. Está sentado no seu sofá de sempre na sala da casa de Abba, e então, em algum momento, a sala vira a sala de Nsukka. O hospital cometeu um erro. E as idas do meu irmão Okey à funerária? Mais um caso de identidade trocada. Fico felicíssima, mas com medo de aquilo ser um sonho, então no sonho dou tapas no meu próprio braço para me certificar de que não é um sonho, mas meu pai continua ali sentado falando baixinho. Acordo com uma dor tão incompreensível que me enche os pulmões. Como pode o nosso inconsciente se virar contra nós de modo tão cruel?

26.

Minha mãe conta uma história do meu pai em nossa casa no campus da universidade em Nsukka nos anos 1980, quando ele pulou da banheira e saiu correndo ainda molhado até o escritório porque tinha finalmente encontrado a solução de um problema. Ele amava o meio acadêmico, mas não seu lado político. "Quando virei vice-reitor substituto, mal podia esperar para me livrar daquelas brigas todas e voltar a lecionar", contou-me ele. Ele estudou matemática em Ibadan, na primeira universidade da Nigéria, então afiliada à Universidade de Londres, e quando foi para Berkeley fazer doutorado em estatística com uma bolsa do USAID, sentiu que a sua formação britânica tinha entrado em conflito com o jeito norte-americano de ser. Ele titubeou. Resolveu abandonar o curso e voltar para a Nigéria, mas seu orientador, Eric Lehmann, o incentivou dizendo que ele também tinha chegado aos Estados Unidos com uma formação britânica. "Ele era um homem muito bom", dizia meu pai com frequência, uma pessoa boa admirando outra. Ele e minha mãe certo dia foram convidados para jantar na casa de Lehmann e eles se arrumaram com abadás nigerianos, e no caminho um menininho apontou para meu pai e disse: "Que roupa engraçada" — décadas depois, essa história ainda divertia meu pai.

Ele voltou para a Nigéria com minha

mãe e minhas irmãs pouco antes do início da Guerra de Biafra. Nessa guerra, todos os seus livros foram queimados por soldados nigerianos. Montanhas de páginas incineradas numa pilha no quintal em frente da casa dos meus pais, onde eles antes cultivavam rosas. Seus colegas nos Estados Unidos lhe mandaram livros para substituir os que tinham sido perdidos; mandaram-lhe até estantes. Lembro do meu pai me dizendo o quanto admirava o grande matemático afro-americano David Blackwell, e no meu romance *Meio sol amarelo* um personagem cujos livros se perderam na Guerra de Biafra recebe livros dos Estados Unidos acompanhados por um bilhete que diz: "Para um colega roubado pela guerra, de outros admiradores de David Blackwell na irmandade dos matemáticos". Não me lembro agora se inventei essa linha ou se meu pai recebeu um bilhete parecido. Talvez eu tenha inventado, comovida com a imagem de todos aqueles acadêmicos nos Estados Unidos se unindo para apoiar meu pai, um colega roubado pela guerra.

Em 1984, meu pai passou um ano dando aulas na Universidade Estadual de San Diego, e falava com afeto sobre o amigo Chuck Bell, acadêmico afro-americano que o ajudou a se estabelecer. Certo dia, contou, Chuck Bell abriu a geladeira do apartamento do meu pai para pegar algo para beber, viu uma bandeja de ovos e gritou: "Jim!". Alarmado, meu pai perguntou qual era o problema, e Chuck Bell respondeu: "Você não pode comer ovo. Ovo mata... tem colesterol demais. Precisa jogar isso fora agora mesmo".

Meu pai contava essa história com ironia, como quem diz: "De todas as coisas que ele poderia me dizer para não comer!", e "Quem saberia dizer qual a próxima coisa que os americanos vão inventar?".

"Você não pode comer ovo!", dizia eu a meu pai durante o café da manhã enquanto ele tirava a casca de um ovo quente ou despejava uma colherada de ovo mexido sobre uma fatia de inhame.

27.

A ÚLTIMA VEZ em que vi meu pai pessoalmente foi no dia 5 de março, logo antes de o coronavírus mudar o mundo. Okey e eu fizemos a viagem de Lagos até Abba. "Não digam a ninguém que estou indo", pedi a meus pais, para evitar visitas. "Só quero um fim de semana prolongado para curtir vocês dois."

As fotos dessa visita me fazem chorar. Nas selfies que tiramos logo antes de Okey e eu irmos embora, meu pai aparece sorrindo, depois rindo, porque Okey e eu estamos fazendo palhaçada. Eu não tinha a menor ideia. Planejava voltar em maio para uma visita mais longa, assim poderíamos finalmente gravar algumas das histórias que ele havia me contado ao longo dos anos sobre sua avó, seu pai, sua infância. Ele ia me mostrar onde ficava a árvore sagrada da sua avó. Eu não conhecia essa parte da cosmologia igbo: o fato de algumas pessoas acreditarem que uma árvore especial chamada *ogbu chi* era o repositório do seu *chi*, do seu espírito pessoal. O pai do meu pai foi raptado por parentes quando jovem e levado para ser vendido a traficantes de escravos da tribo dos Aros, mas eles não o quiseram por causa de uma grande ferida na perna (ele andava mancando de leve, disse meu pai), e quando voltou para casa sua mãe olhou, viu que era ele, e aos prantos e gritos correu até a sua árvore e a tocou em agradecimento ao seu *chi* por ter salvado seu filho.

O passado do meu pai me é conhecido por causa de histórias contadas e recontadas, mas eu sempre tive a intenção de documentá-las melhor, de gravá-lo contando-as. Vivia planejando fazer isso, pensando que tivéssemos tempo. "Vamos deixar para a próxima, papai", e ele dizia: "Tá. Fica para a próxima". Há uma sensação assustadora de afastamento, de uma ancestralidade que escapa, mas eu tenho o suficiente, se não para a memória, pelo menos para o mito.

28.

No dia 28 de março minha tia preferida, Caroline, irmã mais nova da minha mãe, morreu de repente de um aneurisma cerebral num hospital britânico, que já estava em lockdown por causa do coronavírus. Uma mulher alegre. Ficamos atordoados de tristeza. O vírus tornou mais próxima a possibilidade da morte, seu caráter corriqueiro, mas ainda havia um semblante de controle se você ficasse em casa, se lavasse as mãos. Com a morte dela, a ideia de controle desapareceu. A morte podia simplesmente surgir desabalada na sua direção a qualquer dia e a qualquer momento, como havia acontecido com ela. Minha tia num instante estava perfeitamente bem, no instante seguinte teve uma dor de cabeça forte, e no outro morreu. Uma época sombria escurecida de modo inexorável. Ela havia morado com meus pais por muitos anos antes de eu nascer, e para minhas irmãs ela era uma irmã mais velha do que uma tia. Hoje lembro do meu pai dizendo que a sua morte tinha sido "chocante" com uma voz estrangulada desse choque, e imagino o Universo tramando sinistramente um novo golpe. Em junho ele partiria, e um mês depois, no dia 11 de julho, sua única irmã, minha tia Rebecca, entristecida com a morte do irmão com quem falava todos os dias, também partiria no mesmo hospital que ele. Uma erosão, uma terrível tromba-d'água que deixou nossa família para sempre deformada. As camadas da perda fazem eu me sentir fina como um papel.

29.

Por que a imagem de duas borboletas vermelhas numa camiseta me faz chorar? Nós não sabemos como será o nosso luto até o nosso luto acontecer. Não gosto particularmente de camisetas, mas passo horas num site de customização criando estampas para homenagear meu pai, experimentando fontes, cores e imagens. Em algumas, ponho as iniciais JNA, em outras as palavras em igbo *omekannia* e *oyilinnia* — de significados próximos, ambas uma versão de "filha do pai", só que mais exultante, mais cheia de orgulho.

Será que as camisetas algum dia representaram tamanha válvula de escape? Muitas vezes paro para chorar. Muitas vezes penso no que ele acharia delas. Meu pai via com bom humor meu interesse pela moda, em especial minhas escolhas menos convencionais. Certa vez, referindo-se a uma calça larga e bufante que usei para ir a um evento, ele disse: *Nke dika mmuo*. Essa daí parece uma fantasia. "Fantasia" talvez não fosse uma palavra que eu teria escolhido, mas entendi o que ele quis dizer. Acho que ele aprovaria algumas dessas camisetas. Criá-las é uma terapia para mim, para preencher os silêncios que eu escolho, porque preciso poupar as pessoas que amo do turbilhão sem fim dos meus pensamentos. Preciso esconder o quão duro é o abraço de ferro da dor. Finalmente entendo por que as pessoas fazem tatuagens daqueles que perderam. A necessidade de expor não só a perda, mas o amor, a continuidade. *Eu sou filha do meu pai*. É um ato de resistência e uma recusa: é a dor lhe dizendo que acabou, e o seu coração dizendo que não; a dor tentando encolher seu amor para deixá-lo no passado, e o seu coração dizendo que o amor é no presente.

Pouco importa se eu quero ser mudada, porque estou mudada. Uma voz nova faz força para vir à luz na minha escrita, cheia da proximidade que sinto em relação à morte, da consciência da minha própria mortalidade, uma trama muito delicada, muito claramente presente. Uma urgência nova. Uma impermanência no ar. Preciso escrever tudo agora, pois quem pode saber quanto tempo eu tenho? Um dia, Okey me manda uma mensagem dizendo: "Saudades do senso de humor seco que ele tinha e de como fazia uma dancinha engraçada quando estava feliz, e de como nos dava um tapinha no rosto e dizia 'deixa pra lá'". A mensagem me deixa com o coração na boca. É claro que me lembro de como meu pai sempre dizia "deixa pra lá" para fazer com que nos sentíssemos melhor em relação a alguma coisa, mas o fato de Okey também se lembrar faz aquilo parecer verdade outra vez. Um dos muitos componentes notáveis do luto é a criação da dúvida. Não, eu não estou imaginando coisas. Sim, meu pai era mesmo maravilhoso.

30.

Estou escrevendo sobre o meu pai no passado, e não consigo acreditar que estou escrevendo sobre o meu pai no passado.

SOBRE A AUTORA

CHIMAMANDA NGOZI ADICHIE nasceu em 15 de setembro de 1977, em Enugu, na Nigéria. Quinta filha de seis irmãos, seus pais, Grace Ifeoma e James Nwoye Adichie, são falantes de igbo. Embora sua família seja originalmente da cidade de Abba, no estado de Anambra, a autora cresceu em Nsukka, na casa que já foi do renomado escritor Chinua Achebe. O pai de Chimamanda foi professor de estatística na Universidade da Nigéria, em Nsukka, e a mãe foi a primeira mulher a ocupar o cargo de reitora administrativa na mesma instituição.

Chimamanda completou o ensino médio no colégio da universidade e recebeu diversas honrarias. Estudou medicina e farmácia em Nsukka por um ano e meio e, durante esse período, editou a revista *The Compass*, dos estudantes de medicina.

Aos dezenove anos, mudou-se para os Estados Unidos com uma bolsa para estudar comunicação na Universidade Drexel, na Filadélfia, mas pediu transferência para a Universidade Oriental do Estado de Connecticut, onde se formou *summa cum laude* em comunicação e ciências políticas e contribuiu para o jornal *Campus Lantern*. Lá, morou com a irmã Ijeoma, que trabalhava em uma clínica médica.

Em 2003, defendeu seu mestrado em escrita criativa na Universidade Johns Hopkins, em Baltimore. No mesmo ano publicou *Hibisco roxo*, seu primeiro romance, que começou a escrever ainda durante a graduação. O livro foi calorosamente recebido pelo público e pela crítica, sendo ganhador do Commonwealth Writers' Prize e do Hurston/Wright Legacy Award.

Entre 2005 e 2006, Chimamanda foi *fellow* da Universidade de Princeton. Seu segundo romance, *Meio sol amarelo*, publicado em 2006, venceu no ano seguinte o Orange Prize for Fiction (atual Women's Prize for Fiction) e o National Book Critics Circle Award. O livro recebeu adaptação para o cinema em 2013.

Em 2008, a autora defendeu seu mestrado em estudos africanos pela Universidade Yale com a dissertação intitulada *O mito da 'cultura': Delineando a história das mulheres igbo na Nigéria colonial e pré-*

-colonial. Sua primeira coletânea de contos, *No seu pescoço*, foi lançada em 2009.

Entre 2011 e 2012, recebeu uma bolsa do Radcliffe Institute for Advanced Study, da Universidade Harvard, para escrever o romance *Americanah*, publicado em 2013. O livro, eleito um dos dez melhores do ano pelo *New York Times Book Review* e vencedor do National Book Critics Circle Award, teve os direitos para o cinema adquiridos por Lupita Nyong'o. A publicação mais recente de Chimamanda, o ensaio *Para educar crianças feministas*, saiu em 2017.

A obra da autora foi traduzida para mais de trinta línguas e apareceu em inúmeros periódicos, como as revistas *New Yorker* e *Granta*. Juntas, suas conferências no TED Talk já somam mais de 20 milhões de visualizações.

Atualmente Chimamanda é casada e

tem uma filha. Divide seu tempo entre a Nigéria, onde ministra workshops de escrita com regularidade, e os Estados Unidos.

facebook.com/chimamandaadichie
instagram.com/chimamanda_adichie
chimamanda.com

OBRAS DA AUTORA PUBLICADAS PELA COMPANHIA DAS LETRAS

O PERIGO DE UMA HISTÓRIA ÚNICA (2019)

O QUE SABEMOS SOBRE OUTRAS PESSOAS? Como criamos a imagem que temos de cada povo? Nosso conhecimento é construído pelas histórias que escutamos, e quanto maior for o número de narrativas diversas, mais completa será nossa compreensão sobre determinado assunto.

É propondo essa ideia, de diversificarmos as fontes do conhecimento e sermos cautelosos ao ouvir somente uma versão da história, que Chimamanda Ngozi Adichie constrói a palestra que foi adaptada para livro. *O perigo de uma história única* é uma versão da primeira fala feita por Chimamanda no programa TED Talk, em 2009. Dez anos depois, o vídeo é um dos mais acessados da plataforma, com cerca de 18 milhões de visualizações.

Responsável por encantar o mundo com suas narrativas ficcionais, Chimamanda também se mostra uma excelente pensadora do mundo contemporâneo, construindo pontes para um entendimento mais profundo entre culturas.

NO SEU PESCOÇO (2017)

NA HISTÓRIA QUE DÁ NOME AO LIVRO, uma jovem deixa sua terra natal na Nigéria para morar nos Estados Unidos, onde vivencia logo cedo a experiência de ser estrangeira. Em outro conto, uma estudante de medicina vai com a irmã ao mercado local da cidade nigeriana de Kano e lá, surpreendida por uma rebelião, se vê confinada na presença apenas de uma senhora muçulmana. Perdida da própria irmã, seu igual, ela é confrontada com o outro.

Nas doze narrativas que compõem *No*

seu pescoço, encontramos a sensibilidade de Chimamanda voltada para a temática da imigração, do preconceito racial, dos conflitos religiosos e das relações familiares. Partindo da perspectiva do indivíduo para atingir o universal, Adichie explora os laços entre homens e mulheres, pais e filhos, África e Estados Unidos.

PARA EDUCAR CRIANÇAS FEMINISTAS (2017)

UM MANIFESTO COM QUINZE SUGESTÕES de como criar filhos dentro de uma perspectiva feminista, que pode ser lido igualmente por homens e mulheres, pais de meninas e meninos. Escrito no formato de uma carta da autora a uma amiga que acaba de se tornar mãe de uma menina, *Para educar crianças feministas* traz conselhos simples e precisos de como oferecer uma formação igualitária a todas as crianças, o que se inicia pela justa distribuição de tarefas entre pais e mães.

Partindo de sua experiência pessoal para mostrar o longo caminho que ainda temos a percorrer, Chimamanda Ngozi Adichie oferece uma leitura essencial para quem deseja preparar seus filhos para o mundo contemporâneo e contribuir para uma sociedade mais justa.

SEJAMOS TODOS FEMINISTAS (2015)

CHIMAMANDA NGOZI ADICHIE ainda se lembra exatamente do dia em que a chamaram de feminista pela primeira vez. Foi durante uma discussão com seu amigo de infância Okoloma. "Não era um elogio. Percebi pelo tom da voz dele; era como se dissesse: 'Você apoia o terrorismo!'." Apesar do tom de desaprovação de Okoloma, Adichie abraçou o termo e — em resposta àqueles que lhe diziam que feministas são infelizes porque nunca se casaram, que são "antiafricanas" e que odeiam homens e maquiagem

— começou a se intitular uma "feminista feliz e africana que não odeia homens e que gosta de usar batom e salto alto para si mesma, e não para os homens".

Neste ensaio preciso e revelador, Adichie parte de sua experiência pessoal de mulher e nigeriana para mostrar que muito ainda precisa ser feito até que alcancemos a igualdade de gênero. Segundo ela, tal igualdade diz respeito a homens e mulheres, pois será libertadora para todos: meninas poderão assumir sua identidade, ignorando a expectativa alheia, mas também os meninos poderão crescer livres, sem ter que se enquadrar em estereótipos de masculinidade.

Sejamos todos feministas é uma adaptação do discurso feito pela autora no TEDx Euston, que conta com mais de 1,5 milhão de visualizações (https://www.ted.com/talks/chimamanda_ngozi_adichie_we_should_all_be_feminists?language=pt-br).

AMERICANAH (2014)

LAGOS, ANOS 1990. Enquanto Ifemelu e Obinze vivem o idílio do primeiro amor, a Nigéria enfrenta tempos sombrios sob um regime militar. Em busca de alternativas às universidades nacionais, paralisadas por sucessivas greves, a jovem Ifemelu muda-se para os Estados Unidos. Ao mesmo tempo que se destaca no meio acadêmico, ela depara pela primeira vez com a questão racial e tem de enfrentar as agruras da vida de imigrante, mulher e, sobretudo, negra. Se Obinze planeja encontrá-la, seus planos tornam-se menos promissores depois do Onze de Setembro, quando as portas americanas se fecham para os estrangeiros.

Quinze anos mais tarde, Ifemelu é uma aclamada blogueira que reflete sobre o dia a dia dos africanos na América, mas o tempo e o sucesso não atenuaram o apego à terra natal, tampouco afrouxaram a ligação com Obinze. Ao voltar para a Nigéria, ela terá de encontrar um lugar na vida de seu companheiro de adolescência e num país muito diferente do que deixou.

Principal autora nigeriana de sua geração e uma das mais destacadas da cena literária internacional, Chimamanda Ngozi Adichie parte de uma história de amor arrebatadora para debater questões prementes e universais, como imigração, preconceito racial e desigualdade de gênero. Bem-humorado, sagaz e implacável, conjugando o melhor dos grandes romances e da crítica social, *Americanah* é um épico da contemporaneidade.

Eleito um dos dez melhores livros do ano pela *New York Times Book Review* e vencedor do National Book Critics Circle Award, *Americanah* teve os direitos para cinema comprados por Lupita Nyong'o, vencedora do Oscar de melhor atriz por *Doze anos de escravidão*.

"Em parte história de amor, em parte crítica social, um dos melhores romances que você lerá no ano."
Los Angeles Times

"Magistral... Uma história de amor épica..."
O, The Oprah Magazine

HIBISCO ROXO (2011)

EM UM ROMANCE QUE MISTURA autobiografia e ficção, Chimamanda Ngozi Adichie traça, de forma sensível e surpreendente, um panorama social, político e religioso da Nigéria atual.

Protagonista e narradora de *Hibisco roxo*, a adolescente Kambili mostra como a religiosidade extremamente "branca" e católica de seu pai, Eugene, famoso industrial nigeriano, inferniza e destrói lentamente a vida de toda a família.

O pavor de Eugene às tradições primitivas do povo nigeriano é tamanho que ele chega a rejeitar o pai, um encantador contador de histórias, e a irmã, professora universitária esclarecida, temendo o inferno. Mas, apesar de seu temperamento claramente violento e autoritário, Eugene é benfeitor dos pobres e, estranhamente, apoia o jornal mais progressista do país.

Durante uma temporada na casa de sua tia, Kambili acaba se apaixonando. Mas seu primeiro amor é um padre — que é obrigado a deixar a Nigéria por falta de segurança e de perspectiva de futuro.

Enquanto narra as aventuras e desventuras de Kambili e de sua família, o romance também apresenta um retrato contundente e original da Nigéria contemporânea, mostrando os remanescentes invasivos da colonização tanto no país, como, por certo, também no restante do continente.

"Uma história sensível e delicada sobre uma jovem exposta à intolerância religiosa e ao lado obscuro da sociedade nigeriana."
J.M. Coetzee

MEIO SOL AMARELO (2008)

FILHA DE UMA FAMÍLIA RICA e importante da Nigéria, Olanna rejeita participar do jogo do poder que seu pai lhe reservara em Lagos. Parte, então, para Nsukka, a fim de lecionar na universidade local e viver perto do amante, o revolucionário nacionalista Odenigbo. Sua irmã Kainene de certo modo encampa seu destino. Com seu jeito altivo e pragmático, ela circula pela alta roda flertando com militares e fechando contratos milionários. Gêmeas não idênticas, elas representam os dois lados de uma nação dividida, mas presa a indissolúveis laços germânicos — condição que explode na sangrenta guerra que se segue à tentativa de secessão e criação do Estado independente de Biafra.

Contado por meio de três pontos de vista — além do de Olanna, a narrativa concentra-se nas perspectivas do namorado de Kainene, o jornalista britânico Richard Churchill, e de Ugwu, um garoto que trabalha como criado de Odenigbo —, *Meio sol amarelo* enfeixa várias pontas do conflito que matou milhares de pessoas em virtude da guerra, da fome e da doença. O romance é mais do que um relato de fatos impressionantes: é o retrato vivo do caos vislumbrado através do drama de pessoas forçadas a tomar decisões definitivas sobre amor e responsabilidade, passado e presente, nação e família, lealdade e traição.

"Um marco na ficção, no qual a prosa clara e despretensiosa delineia nuances de modo absolutamente preciso."
The Guardian

1ª EDIÇÃO [2021] 1 reimpressão

ESTA OBRA FOI COMPOSTA PELA SPRESS
EM ELECTRA E IMPRESSA PELA LIS GRÁFICA EM OFSETE
SOBRE PAPEL PÓLEN BOLD DA SUZANO S.A. PARA
A EDITORA SCHWARCZ EM JULHO DE 2021

A marca FSC® é a garantia de que a madeira utilizada na fabricação do papel deste livro provém de florestas que foram gerenciadas de maneira ambientalmente correta, socialmente justa e economicamente viável, além de outras fontes de origem controlada.